André Boccato & Estúdio CookLovers

muffins
salgados e doces

receitas tradicionais, light e com ingredientes funcionais

cozinhar faz amigos

muffins lovers
O bolinho norte-americano mais degustado e comentado em línguas estrangeiras

♥ A coleção CookLovers se preocupa em trazer o que há de mais atualizado e funcional para facilitar a vida dos modernos amantes da boa cozinha. Receitas acessíveis, práticas, de fácil compreensão e execução, e nem por isso menos atraentes, deliciosas e sofisticadas, na medida justa. Os temas escolhidos não deixam de ser atuais, a exemplo do muffin – aquele irresistível bolinho, meio pão, meio bolo que, em sua versatilidade, dá margem a uma infinidade de combinações, de sabores e de estilos.

♥ Apesar de se tratar de uma receita muito antiga, provavelmente trazida pelos primeiros colonizadores ingleses à América, a nova onda dos muffins iniciou-se nos Estados Unidos há poucas décadas. As exigências do mercado gourmet acabaram levando os charmosos bolinhos a tomarem conta das modernas casas de café em quase todos os cantos do mundo. Muita coisa mudou desde aqueles primeiros bolinhos chamados de muffin, que eram preparados nos confins do Minnesota e do Massachussets, apenas de um modo: com uvas-passas na massa.

♥ O termo possivelmente vem da palavra francesa *moufflet*, que significa um pão macio, ou da palavra alemã *muffe*, que designa um tipo de bolo. Tecnicamente, existem dois tipos de muffins: o original inglês, que tem a forma de um disco achatado, é assado na grelha, sem usar uma forminha, e utiliza fermento de pão; e o tipo que caiu no gosto dos consumidores modernos, que é mesmo o muffin norte-americano. Tipo bolo, esse muffin é assado individualmente em formas pequenas e permite a utilização de uma infinidade de ingredientes.

♥ A base da receita original costuma ser semelhante à dos bolos caseiros: farinha, ovos, leite, manteiga e açúcar. Mas são possíveis outras combinações de farinhas e outros sabores, incluindo uma lista de muffins salgados que são ótimas alternativas como lanche, ou mesmo para servir como entrada em uma refeição completa; ou ainda fazer a vez dos pãezinhos, sendo acompanhados de manteiga, frios, patês e queijos.

♥ O fato é que o polivalente muffin presta-se a uma infinidade de variações em sabores: da framboesa ao pepino, da canela à abóbora, passando pelas nozes, limão, banana, amêndoas, doce de leite, cenoura, presunto, etc. Combinam com as mais diversas ocasiões – do café da manhã até a última mordiscada da noite. Enfim, um astro de primeira grandeza, também na cozinha doméstica, a despeito de sua aparente modéstia...

♥ Pensando em tudo isso, a CookLovers saiu a frente para pesquisar, testar e compor um inigualável caderno de receitas. O resultado está aqui, em dezenas de versões do tradicional bolinho norte-americano. Acompanham os kits da CookLovers a apresentação das revolucionárias formas de silicone, ideais para todos os tipos de assados em forno doméstico. São levíssimas, flexíveis, facílimas de limpar e conservar. Garantem os mais variados formatos de bolos, tortas, doces e outros, e uma apresentação impecável do prato final, pois facilitam aquela tarefa árdua e arriscada de retirar a receita da forma. As formas de silicone suportam tranquilamente as temperaturas do forno e podem também ir ao freezer. É claro que todas as receitas da coleção CookLovers podem ser finalizadas em formas de materiais tradicionais. O resultado, em termos de sabor, consistência, etc., será igualmente garantido.

receitas em versão dupla
alimentos light e funcionais, os aditivos da saúde total

♥ Depois de criada, cada receita foi testada pela equipe de cozinha experimental Estúdio CookLovers. E, depois, novamente testada. As receitas CookLovers sempre propõem a substituição de alguns ingredientes por alternativas ainda mais saudáveis, sugerindo alimentos light e os chamados alimentos funcionais, em pó.

♥ E o que vêm a ser os "alimentos funcionais"? São os chamados alimentos naturais, preventivos e auxiliares no controle dos vários desequilíbrios que podem comprometer a saúde e a boa forma. Alguns deles, como certos grãos e cereais, castanhas, sementes e frutas secas, costumam figurar nas dietas mais modernas, como os compostos ou suplementos nutricionais (mix de farinhas e sementes, farelos e grãos muito ricos em fibra vegetal), complementos que ficaram conhecidos como "ração humana", ou melhor: o Alimento Funcional em Pó.

♥ Sob a consultoria da médica nutróloga Cristiane Coelho foi elaborada uma alternativa para cada receita, em versão balanceada e absolutamente light, e ainda muito mais saudável, em toda a coleção CookLovers. A mesma receita, porém com a indicação de suplementos funcionais e menos calóricos. Estas versões, light e com alimentos funcionais, se encontram em destaque ao final de cada receita.

André Boccato

André Boccato & Estúdio CookLovers

muffins
salgados e doces

Cook Lovers

índice

muffins de parmesão e nozes 6

muffins de cappuccino com cereja . . . 8

muffins com gotas de chocolate 12

muffins de azeitonas 13

muffins salgados com aveia 16

muffins de amendoim. 19

muffins de pimentão. 20

muffins de cereal com amoras. 23

muffins branco e preto. 24

muffins de bacon ou peito de peru . . .27

muffins de frutas vermelhas 30

muffins de manga. 31

muffins de limão. 34

muffins de cenoura 37

muffins de aliche e alcaparras 38

muffins de especiarias e iogurte . . .41

passo a passo. 42

alimentos light, diet e funcionais. . .44

dicas para uma cozinha sustentável. . .47

muffins de parmesão e nozes

ingredientes

- 1 xícara (chá) de farinha de trigo (100g)
- 1/2 xícara (chá) de queijo parmesão ralado fino (45g)
- 1/3 de xícara (chá) de parmesão picado (30g)
- 1/2 xícara (chá) de nozes picadas (40g)
- 1/2 colher (sopa) de fermento em pó (11g)
- sal e pimenta vermelha em pó a gosto
- 1/4 de xícara (chá) de óleo (50ml)
- 1/2 xícara (chá) de leite (100ml)
- 2 ovos médios
- margarina para untar

modo de preparo

Unte a forma com margarina, enfarinha e reserve. Em uma tigela, coloque a farinha de trigo, o queijo ralado, o queijo picado, as nozes, o fermento, sal e pimenta. À parte, misture o óleo, o leite e os ovos. Junte os ingredientes secos e os líquidos, mexendo bem. Distribua a massa na forma e leve ao forno, em temperatura média (200°C), por cerca de 30 minutos. Sirva quente.

rendimento: ♥♥♥♥♥ 6 porções
tempo de preparo: 20 minutos
tempo de forno: 30 minutos

que tal utilizar ingredientes funcionais?

♥ Substitua 1/2 xícara (chá) da farinha de trigo por amaranto em flocos.

♥ Adicione 1 colher (sopa) de Alimento Funcional em Pó à massa antes de colocá-la na forma (veja a receita na página 46).

♥ Polvilhe 1/2 colher (sopa) de sementes de gergelim com casca sobre os muffins, antes de colocá-los no forno.

para ficar + light

♥ O queijo parmesão ralado e o leite podem ser substituídos pela versão light desses produtos.

♥ O óleo pode ser substituído por margarina light, na mesma quantidade.

muffins de cappuccino com cereja

ingredientes

- 2 xícaras (chá) de farinha de trigo (200g)
- 3 colheres (sopa) de açúcar (57g)
- 3 colheres (sopa) de mistura para cappuccino (54g)
- 1 colher (sopa) de fermento em pó (22g)
- 1 pitada de sal (menos de 1g)
- 1 ovo médio
- 1 xícara (chá) de leite (200ml)
- 1/4 de xícara (chá) de óleo (50ml)
- 1/2 xícara (chá) de cerejas, em calda, picadas (90g)
- margarina para untar

modo de preparo

Unte a forma com margarina, enfarinha e reserve. Peneire a farinha de trigo junto com o açúcar, o cappuccino, o fermento e o sal. À parte, bata o ovo ligeiramente e misture o leite e o óleo. Adicione os ingredientes secos e misture. Junte as cerejas, mexa e coloque na forma para muffins. Leve ao forno, em temperatura média (200°C), e asse por cerca de 30 minutos.

rendimento: ♥♥♥♥♥♥ 6 porções
tempo de preparo: 20 minutos
tempo de forno: 30 minutos

que tal utilizar ingredientes funcionais?

♥ Substitua 1 xícara (chá) da farinha de trigo branca por farinha de trigo integral.
♥ Acrescente 1 colher (sopa) de Alimento Funcional em Pó à massa antes de colocá-la na forma (veja a receita na página 46).
♥ Substitua o leite comum por leite de soja, na mesma quantidade.

para ficar + light

♥ A mistura para cappuccino e o leite podem ser substituídos pela versão light desses produtos.
♥ O açúcar pode ser substituído por adoçante culinário, na mesma quantidade, ou seguindo as recomendações da embalagem.
♥ O óleo pode ser substituído por margarina light, na mesma quantidade.
♥ Faça as cerejas em calda, utilizando adoçante culinário no cozimento da fruta.

muffins com gotas de chocolate

receita na página 12

muffins com gotas de chocolate

ingredientes
- 1 e 1/4 de xícara (chá) de farinha de trigo (125g)
- 2 colheres (sopa) de cacau em pó (18g)
- 1/3 de xícara (chá) de açúcar mascavo (42g)
- 120g de chocolate em gotas
- 1 ovo médio
- 1 pote de iogurte natural (200g)
- 2 colheres (sopa) de manteiga sem sal derretida (50g)
- 1/2 colher (sopa) de fermento em pó (11g)
- gotas de chocolate para decorar
- margarina para untar

veja o vídeo do passo a passo no site
www.cooklovers.com.br

modo de preparo
Unte a forma com margarina, enfarinha e reserve. Em uma tigela, misture a farinha de trigo, o cacau, o açúcar, o chocolate em gotas, o ovo, o iogurte, a manteiga e o fermento. Coloque a massa na forma e salpique gotas de chocolate. Leve ao forno, em temperatura média (200ºC), por cerca de 30 minutos. Sirva quente ou frio.

rendimento: ♛♛♛♛♛♛ 6 porções
tempo de preparo: 20 minutos
tempo de forno: 30 minutos

que tal utilizar ingredientes funcionais?
♥ Substitua 3/4 de xícara (chá) da farinha de trigo branca por farinha de trigo integral.
♥ Acrescente 1 colher (sopa) de Alimento Funcional em Pó à massa antes de colocá-la na forma (veja a receita na página 46).
♥ Acrescente 1 colher (sopa) de sementes de gergelim preto à massa antes de colocá-la na forma.

para ficar + light
♥ O iogurte utilizado pode ser o desnatado.
♥ A manteiga pode ser substituída por margarina light, na mesma quantidade.
♥ O açúcar mascavo pode ser substituído por adoçante culinário, na mesma quantidade, ou seguindo as recomendações da embalagem.

muffins de azeitonas

ingredientes
- 1 xícara (chá) de farinha de trigo (100g)
- sal e pimenta vermelha em pó a gosto
- 1/4 de xícara (chá) de óleo (50ml)
- 1/2 xícara (chá) de leite (100ml)
- 2 ovos médios
- 1/2 xícara (chá) de queijo mussarela ralada (53g)
- 1/3 de xícara (chá) de queijo de cabra (34g)
- 1/2 xícara (chá) azeitonas pretas picadas (70g)
- 1/2 colher (sopa) de alecrim (7g)
- 1/2 colher (sopa) de fermento em pó (11g)
- margarina para untar

modo de preparo
Unte a forma com margarina, enfarinha e reserve. Em uma tigela, coloque a farinha de trigo, sal e pimenta. Misture o óleo, o leite, os ovos, a mussarela, o queijo de cabra, as azeitonas, o alecrim e o fermento. Distribua a massa na forma e leve ao forno, em temperatura média (200°C), por cerca de 30 minutos. Sirva quente.

rendimento: 6 porções
tempo de preparo: 20 minutos
tempo de forno: 30 minutos

que tal utilizar ingredientes funcionais?
♥ Substitua 1/2 xícara (chá) da farinha de trigo por aveia em flocos finos.
♥ Acrescente 1 colher (sopa) de Alimento Funcional em Pó à massa antes de colocá-la na forma (veja a receita na página 46).
♥ Acrescente 1/2 xícara (chá) de tomates, sem sementes e picados, à massa antes de colocá-la na forma.

para ficar + light
♥ O leite utilizado pode ser o desnatado.
♥ O óleo pode ser substituído por margarina light, na mesma quantidade.
♥ A azeitona pode ser substituída por alcaparras, na mesma quantidade.
♥ A mussarela pode ser substituída por ricota, na mesma quantidade.

muffins de azeitonas
◀ receita na página 13

muffins salgados com aveia

ingredientes

- 1 xícara (chá) de aveia em flocos (110g)
- 1 xícara (chá) de farinha de aveia (100g)
- 2 colheres (chá) de sal (8g)
- 1 ovo médio
- 1 xícara (chá) de leite (200ml)
- 1/4 de xícara (chá) de óleo (50ml)
- 3 colheres (chá) de mostarda (12g)
- 1/4 de xícara (chá) de cebolinha picada (14g)
- 1/4 de xícara (chá) salsa picada (14g)
- 1 xícara (chá) de blanquet de peru picado (70g)
- 1 colher (sopa) de fermento em pó (22g)
- margarina para untar

modo de preparo

Unte a forma com margarina, enfarinha e reserve. Misture, em uma tigela, a aveia em flocos, a farinha de aveia e o sal. Reserve. Bata no liquidificador o ovo, o leite, o óleo e a mostarda. Despeje essa mistura na tigela com a mistura de aveia. Junte a cebolinha, a salsa, o blanquet, o fermento e misture bem. Distribua a massa na forma e leve ao forno, em temperatura média (200°C), por cerca de 30 minutos. Sirva quente.

rendimento: ♥♥♥♥♥♥ 6 porções
tempo de preparo: 20 minutos
tempo de forno: 30 minutos

que tal utilizar ingredientes funcionais?

♥ Acrescente 1 colher (sopa) de Alimento Funcional em Pó à massa antes de colocá-la na forma (veja a receita na página 46).

♥ Acrescente 2 colheres (sopa) de castanhas-de-caju granulada à massa antes de colocá-la na forma.

♥ Acrescente 1 colher (sopa) de sementes de linhaça dourada à massa antes de colocá-la na forma.

para ficar + light

♥ O leite e a mostarda podem ser substituídos pela versão light desses produtos.

♥ O óleo pode ser substituído por margarina light, na mesma quantidade.

muffins de amendoim

ingredientes

- 5 ovos médios separados
- 1 e 1/2 xícara (chá) de açúcar (255g)
- 400g de amendoim torrado, sem pele e moído
- 2 xícaras (chá) de farinha de trigo (200g)
- 1/2 colher (sopa) de fermento em pó (11g)
- 1 tablete de chocolate branco (170g)
- 1/2 xícara (chá) de creme de leite (90g)
- margarina para untar

modo de preparo

Unte a forma com margarina, enfarinha e reserve. Bata as claras em neve. Junte as gemas, uma a uma, e o açúcar, aos poucos. Acrescente o amendoim, batendo sempre. Pare de bater e misture a farinha de trigo e o fermento. Distribua a massa na forma e leve ao forno, em temperatura média (200°C), por cerca de 30 minutos. Retire do forno, espere esfriar e desenforme. Derreta o chocolate em banho-maria e junte o creme de leite, mexa bem. Cubra os muffins com essa cobertura e sirva a seguir.

rendimento: ♥♥♥♥♥ 6 porções
tempo de preparo: 20 minutos
tempo de forno: 30 minutos

Dica Para que a cobertura fique sobre os muffins sem escorrer, mergulhe os muffins de cabeça para baixo na cobertura, virando-os lentamente, até a cobertura cobrir toda a superfície. Erga os muffins, deixe escorrer o excesso e vire-os novamente na posição normal.

que tal utilizar ingredientes funcionais?

♥ Substitua o amendoim por nozes ou castanhas-do-pará, na mesma quantidade.

♥ Substitua 1/2 xícara (chá) de farinha de trigo por Alimento Funcional em Pó (veja a receita na página 46).

♥ Substitua 1/2 xícara (chá) de farinha de trigo por amaranto em flocos.

para ficar + light

♥ O creme de leite pode ser substituído pela versão light desse produto.

♥ O açúcar pode ser substituído por adoçante culinário, na mesma quantidade, ou seguindo as recomendações da embalagem.

♥ Sirva os muffins sem a cobertura.

muffins de pimentão

ingredientes
- 1 xícara (chá) de farinha de trigo (100g)
- 1/2 xícara (chá) de queijo emmenthal ralado (53g)
- sal e pimenta-do-reino branca a gosto
- 1/4 de xícara (chá) de óleo (50ml)
- 1/2 xícara (chá) de leite (100g)
- 2 ovos médios
- 1/2 pimentão vermelho picado (93g)
- 1/2 pimentão amarelo picado (93g)
- 1/2 colher (chá) de cominho em pó (1g)
- 1/2 colher (sopa) de fermento em pó (11g)
- margarina para untar

modo de preparo
Unte a forma com margarina, enfarinha e reserve. Em uma tigela, coloque a farinha de trigo, o queijo, sal e pimenta-do-reino. Misture o óleo, o leite, os ovos, os pimentões, o cominho e o fermento. Distribua a massa na forma e leve ao forno, em temperatura média (200°C), por cerca de 30 minutos. Sirva quente.

rendimento: ♥♥♥♥♥♥ 6 porções
tempo de preparo: 20 minutos
tempo de forno: 30 minutos

que tal utilizar ingredientes funcionais?
♥ Substitua 1/2 xícara (chá) da farinha de trigo por aveia em flocos finos.
♥ Acrescente 1 colher (sopa) de Alimento Funcional em Pó à massa antes de colocá-la na forma (veja a receita na página 46).
♥ Acrescente 1/2 xícara (chá) de abóbora cozida e cortada em cubos à massa, antes de colocá-la na forma.

para ficar + light
♥ O leite utilizado pode ser o desnatado.
♥ O óleo pode ser substituído por margarina light, na mesma quantidade.
♥ O queijo emmenthal pode ser substituído por queijo tipo cottage.

muffins de cereal com amoras

ingredientes

- 1/3 de xícara (chá) de manteiga em temperatura ambiente (60g)
- 2 ovos médios
- 1/3 de xícara (chá) de açúcar (57g)
- 3/4 de xícara (chá) de leite (150ml)
- 2/3 de xícara (chá) de mix de cereal tipo granola (67g)
- 1 e 1/2 xícara (chá) de farinha de trigo (150g)
- 2 colheres (chá) de fermento em pó (12g)
- margarina para untar

calda

- 1 e 1/4 de xícara (chá) de amoras (190g)
- 1/2 xícara (chá) de açúcar (85g)

modo de preparo

Unte a forma com margarina, enfarinha e reserve. Bata, na batedeira, a manteiga com as gemas até formar um creme claro. Junte o açúcar, o leite e bata mais um pouco. Desligue a batedeira e misture o mix de cereal, a farinha de trigo e o fermento. À parte, bata as claras em neve e as incorpore, delicadamente, à massa de bolo. Coloque na forma para muffins e leve ao forno, em temperatura média (200°C), por cerca de 30 minutos.

calda

Em uma panela, coloque as amoras, o açúcar e 1/2 xícara (chá) de água. Leve ao fogo e ferva até que as amoras comecem a desmanchar. Desligue e sirva a calda, quente ou fria, sobre os muffins.

rendimento: 🍮🍮🍮🍮🍮 6 porções
tempo de preparo: 20 minutos
tempo de forno: 30 minutos

que tal utilizar ingredientes funcionais?

- ♥ Substitua o leite comum por leite de soja, na mesma quantidade.
- ♥ Substitua 1/2 xícara (chá) de farinha de trigo branca por farinha de trigo integral.
- ♥ Acrescente 1 colher (sopa) de Alimento Funcional em Pó à massa antes de colocá-la na forma (veja a receita na página 46).

para ficar + light

- ♥ O leite e a granola podem ser substituídos pela versão light desses produtos.
- ♥ O açúcar pode ser substituído por adoçante culinário, na mesma quantidade, ou seguindo as recomendações da embalagem. Para a calda, será necessário acrescentar 1 colher (chá) de amido de milho para engrossá-la.
- ♥ A manteiga pode ser substituída por margarina light, na mesma quantidade.

muffins branco e preto

ingredientes

- 1 caixinha de creme de leite (200g)
- 1 colher (sopa) de suco de limão (10g)
- 1 ovo médio
- 1/2 xícara (chá) de leite (100ml)
- 1 colher (sopa) de manteiga em temperatura ambiente (25g)
- 1/3 de xícara (chá) de açúcar (57g)
- 4 colheres (sopa) de achocolatado em pó (72g)
- 1 e 1/3 de xícara (chá) de farinha de trigo (134g)
- 2 colheres (chá) de fermento em pó (12g)
- 1/2 tablete de chocolate branco picado (90g)
- 1/2 tablete de chocolate meio amargo picado (90g)
- margarina para untar

modo de preparo

Unte a forma com margarina, enfarinha e reserve. Junte o creme de leite com o suco de limão e mexa até engrossar ligeiramente. Acrescente o ovo, o leite, a manteiga, o açúcar, o achocolatado em pó, a farinha e o fermento. Misture bem. Adicione os chocolates picados e despeje na forma para muffins. Leve ao forno, em temperatura média (200°C), por cerca de 30 minutos. Retire do forno, espere amornar e desenforme.

rendimento: ♦♦♦♦♦♦ 6 porções
tempo de preparo: 20 minutos
tempo de forno: 30 minutos

que tal utilizar ingredientes funcionais?

♥ Acrescente 1 colher (sopa) de Alimento Funcional em Pó à massa antes de colocá-la na forma (veja a receita na página 46).

♥ Substitua 1/3 de xícara (chá) da farinha de trigo por amaranto em flocos.

♥ Substitua o chocolate meio amargo por chocolate amargo com mais de 60% de cacau.

para ficar + light

♥ O creme de leite, o leite e o achocolatado podem ser substituídos pela versão light desses produtos.

♥ O açúcar pode ser substituído por adoçante culinário, na mesma quantidade, ou seguindo as recomendações da embalagem.

♥ A manteiga pode ser substituída por margarina light, na mesma quantidade.

♥ O creme de leite pode ser substituído por iogurte desnatado na mesma quantidade.

muffins de bacon ou peito de peru

ingredientes

- 1 tablete de fermento biológico (15g)
- 150g de bacon picado
- 1/2 cebola picada (115g)
- 1 xícara (chá) de leite (200ml)
- 1 ovo médio
- 1/4 de tablete de manteiga derretida (50g)
- 1 colher (sopa) de salsa picada (7g)
- 1 e 1/3 de xícara (chá) de farinha de trigo (134g)
- 1/2 colher (sopa) de fermento em pó (11g)
- sal a gosto
- margarina para untar

modo de preparo

Unte a forma com margarina, enfarinha e reserve. Em uma frigideira, doure o bacon, na sua própria gordura, com a cebola. Escorra o excesso de gordura, passe para uma tigela e misture o leite, o ovo, a manteiga, a salsa, a farinha de trigo, o fermento e sal. Coloque a massa na forma e leve ao forno, em temperatura média (200°C), por cerca de 30 minutos. Sirva quente.

rendimento: ♦♦♦♦♦ 6 porções
tempo de preparo: 20 minutos
tempo de forno: 30 minutos

que tal utilizar ingredientes funcionais?

♥ Substitua 1/2 xícara (chá) de farinha de trigo por farelo de aveia.
♥ Acrescente 1 colher (sopa) de Alimento Funcional em Pó à massa antes de colocá-la na forma (veja a receita na página 46).
♥ Acrescente 1/2 xícara (chá) de abobrinha, cozida e cortada em cubos, à massa, antes de colocá-la na forma.

para ficar + light

♥ O leite utilizado pode ser o desnatado.
♥ A manteiga pode ser substituída por margarina light, na mesma quantidade.
♥ O bacon pode ser substituído por peito de peru, na mesma quantidade. Nesse caso, utilize 1/2 colher (sopa) de margarina light para dourar o peito de peru.

muffins de frutas vermelhas

receita na página 30 ▶

muffins de frutas vermelhas

ingredientes
- 1 xícara (chá) de farinha de trigo (100g)
- 3/4 de xícara (chá) de fubá (94g)
- 1 colher (sopa) de fermento em pó (22g)
- 1 xícara (chá) de açúcar (170g)
- 3/4 de xícara (chá) de leite (150ml)
- 2 colheres (sopa) de óleo (22g)
- 2 claras médias
- 6 colheres (chá) de geleia de frutas vermelhas (42g)
- margarina para untar

veja o vídeo do passo a passo no site www.cooklovers.com.br

modo de preparo
Unte a forma com margarina, enfarinha e reserve. Peneire juntos a farinha de trigo, o fubá, o fermento e o açúcar. Acrescente o leite e o óleo. Bata as claras em neve e as incorpore à massa. Distribua a massa na forma e coloque no centro de cada muffin 1 colher (chá) de geleia de frutas vermelhas. Leve ao forno, em temperatura média (200°C), e asse por cerca de 40 minutos.

rendimento: ♥♥♥♥♥♥ 6 porções
tempo de preparo: 20 minutos
tempo de forno: 30 minutos

que tal utilizar ingredientes funcionais?
♥ Substitua o fubá por amaranto em flocos, na mesma quantidade.
♥ Acrescente 1 colher (sopa) de Alimento Funcional em Pó à massa antes de colocá-la na forma (veja a receita na página 46).
♥ Substitua 1/2 xícara (chá) de farinha de trigo por aveia em flocos.

para ficar + light
♥ O leite e a geleia podem ser substituídos pela versão light desses produtos.
♥ O açúcar pode ser substituído por adoçante culinário, na mesma quantidade, ou seguindo as recomendações da embalagem.
♥ O óleo pode ser substituído por margarina light, na mesma quantidade.
♥ Faça a geleia de frutas vermelhas, utilizando adoçante culinário no cozimento da fruta. Caso a geleia fique muito líquida, acrescente 1 colher (chá) de amido de milho para engrossá-la.

muffins de manga

ingredientes
- 1/2 xícara (chá) de manteiga (90g)
- 3/4 de xícara (chá) de açúcar (128g)
- 2 ovos médios
- 1/4 de xícara (chá) de leite (50ml)
- 1 xícara (chá) de farinha de trigo (100g)
- 1/2 colher (sopa) de raspas de limão (1,5g)
- 3/4 de xícara (chá) de manga seca picada (33g)
- 1/2 colher (sopa) de fermento em pó (11g)
- margarina para untar

modo de preparo
Unte a forma com margarina, enfarinha e reserve. Na batedeira, bata a manteiga e o açúcar até a mistura ficar cremosa. Junte os ovos e bata mais um pouco. Adicione o leite, a farinha de trigo, as raspas de limão, a manga e o fermento. Coloque na forma e leve ao forno, em temperatura média (200ºC), por cerca de 30 minutos. Sirva quente ou frio.

rendimento: ♥♥♥♥♥♥ 6 porções
tempo de preparo: 20 minutos
tempo de forno: 30 minutos

que tal utilizar ingredientes funcionais?
♥ Acrescente 1 colher (sopa) de Alimento Funcional em Pó à massa antes de colocá-la na forma (veja a receita na página 46).
♥ Substitua 1/2 xícara (chá) da farinha de trigo por aveia em flocos finos.
♥ Substitua o leite comum por leite de soja, na mesma quantidade.

para ficar + light
♥ O leite utilizado pode ser o desnatado.
♥ O açúcar pode ser substituído por adoçante culinário, na mesma quantidade, ou seguindo as recomendações da embalagem.
♥ A manteiga pode ser substituída por margarina light, na mesma quantidade.

muffins de manga
◀ receita na página 31

muffins de limão

ingredientes
- 1 e 1/2 xícara (chá) de farinha de trigo (150g)
- 1 colher (sopa) de fermento em pó (22g)
- 1 xícara (chá) de açúcar (170g)
- 2 colheres (sopa) de margarina (50g)
- 2 ovos médios
- 1/3 de xícara (chá) de suco de limão (67ml)
- 2 colheres (chá) de raspas de casca de laranja (menos que 1g)
- 1 pote de iogurte natural (200ml)
- margarina para untar

modo de preparo
Unte a forma com margarina, enfarinha e reserve. Em uma tigela, peneire a farinha de trigo com o fermento e reserve. Bata o açúcar com a margarina e as gemas. Adicione o suco de limão, as raspas de laranja, o iogurte e bata mais um pouco. Junte a farinha peneirada com o fermento e misture bem. Bata as claras em neve e as incorpore, delicadamente, à massa. Despeje a massa na forma, leve ao forno, em temperatura média (200°C), e asse por cerca de 30 minutos.

rendimento: ♥♥♥♥♥♥ 6 porções
tempo de preparo: 20 minutos
tempo de forno: 30 minutos

que tal utilizar ingredientes funcionais?
♥ Acrescente 1 colher (sopa) de sementes de linhaça escura à massa antes de colocá-la na forma.
♥ Substitua 1/2 xícara (chá) de farinha de trigo por quinua em flocos.
♥ Acrescente 1 colher (sopa) de Alimento Funcional em Pó à massa antes de colocá-la na forma (veja a receita na página 46).

para ficar + light
♥ A margarina pode ser substituída pela versão light desse produto.
♥ O iogurte utilizado pode ser o desnatado.
♥ O açúcar pode ser substituído por adoçante culinário, na mesma quantidade, ou seguindo as recomendações da embalagem.

muffins de cenoura

ingredientes

- 1 xícara (chá) de farinha de trigo (100g)
- 1/2 xícara (chá) de queijo gruyère ralado (53g)
- sal e pimenta-do-reino a gosto
- 1/4 de xícara (chá) de óleo (50ml)
- 1/2 xícara (chá) de leite (100ml)
- 2 ovos médios
- 1 cenoura média ralada (80g)
- 1/2 xícara (chá) de bacon picado (65g)
- 2 colheres (sopa) de salsa picada (14g)
- 1/2 colher (sopa) de fermento em pó (11g)
- margarina para untar

modo de preparo

Unte a forma com margarina, enfarinha e reserve. Em uma tigela, coloque a farinha de trigo, o queijo, sal e pimenta-do-reino. Misture o óleo, o leite, os ovos, a cenoura, o bacon, a salsa e o fermento. Distribua a massa na forma e leve ao forno, em temperatura média (200°C), por cerca de 30 minutos. Sirva quente.

rendimento: ♥♥♥♥♥♥ 6 porções
tempo de preparo: 20 minutos
tempo de forno: 30 minutos

que tal utilizar ingredientes funcionais?

♥ Substitua 1/2 xícara (chá) da farinha de trigo branca por farinha de trigo integral.
♥ Acrescente 1 colher (sopa) de Alimento Funcional em Pó à massa antes de colocá-la na forma (veja a receita na página 46).
♥ Acrescente 1/2 xícara (chá) de alho-poró cozido e picado à massa antes de colocá-la na forma.

para ficar + light

♥ O leite utilizado pode ser o desnatado.
♥ O óleo pode ser substituído por margarina light, na mesma quantidade.
♥ O bacon pode ser substituído por peito de peru defumado ou blanquet de peru.
♥ O queijo gruyère pode ser substituído por queijo minas padrão light, na mesma quantidade.

muffins de aliche e alcaparras

ingredientes

- 2/3 de xícara (chá) de leite (133ml)
- 2 ovos médios
- 1/4 de xícara (chá) de margarina (45g)
- 1/4 de xícara (chá) de queijo parmesão ralado (23g)
- 1/3 de xícara (chá) de queijo minas padrão ralado (35g)
- 1 e 1/3 de xícara (chá) de farinha de trigo (133g)
- 1 e 1/2 colher (sopa) de aliche picado (30g)
- 2 colheres (sopa) de alcaparras (30g)
- 3 colheres (chá) de fermento em pó (18g)
- margarina para untar

modo de preparo

Unte a forma com margarina, enfarinha e reserve. Misture o leite, os ovos, a margarina, os queijos, a farinha, o aliche, as alcaparras e o fermento. Distribua a massa na forma e leve ao forno, em temperatura média (200°C), por cerca de 30 minutos.

rendimento: ♥♥♥♥♥♥ 6 porções
tempo de preparo: 20 minutos
tempo de forno: 30 minutos

que tal utilizar ingredientes funcionais?

♥ Substitua 1/3 de xícara (chá) de farinha de trigo por quinua em flocos.

♥ Acrescente 1 colher (sopa) de Alimento Funcional em Pó à massa antes de colocá-la na forma (veja a receita na página 46).

♥ Acrescente 2 colheres (sopa) de pistaches picados à massa antes de colocá-la na forma.

para ficar + light

♥ O leite, a margarina e o queijo minas padrão podem ser substituídos pela versão light desses produtos.

♥ Substitua o queijo parmesão por queijo minas padrão light, na mesma quantidade.

muffins de especiarias e iogurte

passo a passo da receita na página 42

ingredientes

- 1 xícara (chá) de açúcar (170g)
- 3 colheres (sopa) de manteiga com sal em temperatura ambiente (75g)
- 1 ovo médio
- 1 copo de iogurte natural (200g)
- 1/4 de xícara (chá) de amêndoas picadas grosseiramente (26g)
- 1 e 1/4 de xícara (chá) de farinha de trigo (125g)
- 1 colher (chá) de canela em pó (2g)
- 1 pitada de noz-moscada (menos de 1g)
- 1 colher (chá) de pimenta-da-jamaica em pó (2g)
- 1 colher (chá) de essência de amêndoas (2g)
- 2 colheres (chá) de fermento em pó (12g)

cobertura

- 1 e 1/2 xícara (chá) de açúcar de confeiteiro (195g)
- 4 colheres (sopa) de leite (56g)
- 2 colheres (sopa) de manteiga (50g)
- 4 colheres (sopa) de amêndoas laminadas (56g)
- margarina para untar

modo de preparo

Unte a forma com margarina, enfarinha e reserve. Bata o açúcar com a manteiga, até a mistura ficar cremosa, e junte o ovo. Bata mais um pouco e adicione o iogurte, as amêndoas, a farinha, a canela, a noz-moscada, a pimenta-da-jamaica, a essência de amêndoas e o fermento. Coloque na forma e leve ao forno, em temperatura média (200°C), por cerca de 30 minutos. Deixe amornar e desenforme.

cobertura Leve ao fogo o açúcar, o leite e a manteiga. Deixe ferver por 1 minuto e desligue. Cubra os muffins com essa cobertura e decore com as amêndoas em lâminas.

rendimento: ♥♥♥♥♥♥ 6 porções
tempo de preparo: 30 minutos
tempo de forno: 30 minutos

que tal utilizar ingredientes funcionais?

♥ Substitua 1/4 de farinha de trigo por sementes moídas de linhaça dourada.

♥ Acrescente 1 colher (sopa) de Alimento Funcional em Pó à massa antes de colocá-la na forma (veja a receita na página 46).

♥ Substitua 1/2 xícara (chá) de farinha de trigo branca por farinha de trigo integral.

para ficar + light

♥ O iogurte e o leite podem ser substituídos pela versão desnatada desses produtos.

♥ O açúcar da massa pode ser substituído por adoçante culinário, na mesma quantidade, ou seguindo as recomendações da embalagem.

♥ A manteiga pode ser substituída por margarina light, na mesma quantidade.

♥ Não utilize a cobertura nessa receita.

passo a passo
muffins de especiarias e iogurte

1 - Unte a forma com margarina, enfarinhe e reserve.

2 - Na tigela da batedeira, coloque o açúcar.

3 - Junte a manteiga.

4 - Bata até a mistura ficar cremosa.

5 - Adicione o ovo.

6 - Bata novamente até a mistura ficar homogênea.

7 - Acrescente o iogurte natural.

8 - Coloque as amêndoas picadas.

9 - Junte a farinha de trigo e bata mais um pouco.

10 - Adicione a canela em pó.

11 - Rale a noz-moscada.

12 - Acrescente a pimenta-da-jamaica em pó.

13 - Misture bem os ingredientes e junte a essência e o fermento.

14 - Passe a massa para a forma reservada.

15 - Leve ao forno, em temperatura média (200°C), por 30 minutos.

16 - Retire do forno, espere amornar e desenforme.

17 - Em uma panela, coloque o açúcar de confeiteiro.

18 - Junte o leite.

19 - Acrescente a manteiga.

20 - Leve ao fogo e mexa para misturar os ingredientes.

21 - Deixe ferver por 1 minuto e desligue.

22 - Coloque a cobertura em uma tigela, segure os muffins de cabeça para baixo e mergulhe-os na cobertura.

23 - Levante os muffins e deixe escorrer um pouco.

24 - Espalhe as amêndoas laminadas sobre a cobertura enquanto ela ainda estiver úmida.

o mundo moderno exige que você entenda as diferenças nutricionais!

veja as receitas na página 46 ▶

alimentos light, diet e funcionais

♥ Você leu este livro e já conhece essas diferenças? Ótimo, você pode passar direto para as receitas, escolhendo o jeito que será todo seu de preparar o prato escolhido – porque receita sempre depende, em boa medida, do modo de quem faz, não é?

♥ Sabemos que a criatividade e o estilo de cada um sempre passam para cada receita: muitas vezes, ela é somente uma referência, uma forma de nos dar uma inspiração, um caminho a ir em frente. Foi para isso que fizemos este livro, para que ele seja como uma fonte de inspiração. Porém, para muitos, talvez ainda seja necessário explicar e destrinchar as importantes diferenças entre os ingredientes salientados: light, diet e funcionais.

♥ Para começar, não confundir light com diet: os produtos que levam a menção light são aqueles que têm redução mínima de 30% no valor calórico total da porção. Já os produtos diet são os que não contêm nada de açúcar e são indicados para pessoas que não podem consumi-lo. Mas atenção: isso não significa que os produtos diet sejam menos calóricos! Esse detalhe merece toda a atenção, não é? O sorvete diet, por exemplo, apresenta mais calorias que a versão normal; o chocolate diet, em algumas fabricações, também pode conter um valor em calorias superior à versão normal, ou seja, a que leva açúcar.

♥ Visto isso, quando fornecemos neste livro uma versão light da receita, estamos apenas sugerindo que você utilize ingredientes com essa chancela oficial (menos calorias que a fórmula inicial). Lembrando que tal sugestão não impõe uma dieta: serve apenas como curiosidade, se você quiser fazer uma restrição calórica.

♥ Mas e agora isso, de "alimentos funcionais"? Este termo bastante recente é utilizado para destacar alguns ingredientes, naturais ou industrializados que, quando utilizados corretamente, "ajudam" ou são mais eficientes que outros, na função de nutrir corretamente. Eis a razão para o termo: porque são de fato mais "funcionais". Exemplo: todas as fibras são mais funcionais, porque elas são essenciais ao bom funcionamento do aparelho digestivo, e a maioria da alimentação moderna, industrializada e pasteurizada, é desprovida de fibras vegetais. Por isso também é que os médicos costumam recomendar, por exemplo, farinha integral em vez da farinha branca normal.

♥ Você encontrará tudo isso nas opções de receitas do livro, como dicas de substituição de alguns ingredientes, ou adição de outros, que contenham uma espécie de mix de nutrientes "funcionais". Assim, introduzimos ingredientes ainda pouco conhecidos, ou pouco utilizados, justamente para incentivar você a ter uma nutrição mais completa e equilibrada. Mas é só uma dica! Não temos a intenção nesta coleção CookLovers de fazer um produto voltado às dietas, ou à restrição alimentar. Mas não custa dar boas dicas e apontar o lado mais saudável em relação aos prazeres da mesa. Portanto, apenas lembramos que se você puder ou quiser, vá aos poucos substituindo os produtos e ingredientes conhecidos por esses, que seguramente trarão melhor resultado nutricional, sem tirar o sabor de nada!

♥ Para completar, facilitamos ainda mais esse caminho para você: criamos uma receita que sintetiza vários componentes alimentares. Se você tiver um pouco mais de tempo, sugerimos que prepare também a receita básica do Alimento Funcional em Pó (também conhecido como "ração humana"). O Alimento Funcional em Pó vem a ser nada mais que uma composição de vários ingredientes ricos em fibras, carboidratos e vitaminas, combinados e preparados em uma espécie de farinha enriquecida. Na hora de preparar uma receita CookLovers, bastará substituir um pouco das farinhas normais por esse mix em pó. Muito fácil de fazer em casa, o Alimento Funcional em Pó pode ser guardado em um pote, pois tem longa conservação e pode ser utilizado em determinadas ocasiões, ou para uso geral.

♥ Por fim, uma palavra ainda, ou lembrete, também importante: se possível, introduza em seus hábitos alimentares os produtos orgânicos! Como eles, atualmente, têm que apresentar certificado e estão sob o controle dos órgãos agrícolas, terão uma procedência confiável e estão seguramente livres de agrotóxicos e produtos nocivos à saúde.

♥ E, agora sim, a dica essencial e final: ser um amante da gastronomia combina com cozinha sustentável. O que é isso? Bem, então vamos na próxima página para ler um pouco sobre esse tema importantíssimo e fundamental nos dias de hoje!

leite condensado light

ingredientes
- 1 xícara (chá) de leite em pó desnatado (60g)
- 1/2 xícara (chá) de água fervente (100ml)
- 1/2 xícara (chá) de adoçante culinário (10g)
- 1 colher (sopa) de margarina Becel sem sal (25g)

modo de preparo
Misture todos os ingredientes muito bem e armazene essa mistura em potes plásticos opacos, ou em vidros bem fechados, em local seco e arejado.

rendimento: 742g de produto
tempo de preparo: 10 minutos

alimento funcional em pó

ingredientes
- 20g de mamão seco triturado (liofilizado)
- 20g de abacaxi seco triturado (liofilizado)
- 20g de maçã seca triturada (liofilizada)
- 20g de banana seca triturada (liofilizada)
- 100g de farinha de linhaça estabilizada
- 100g de farelo de aveia
- 100g de fibra de trigo
- 100g de gérmen de trigo
- 75g de extrato de soja sem açúcar
- 50g de quinua em flocos
- 50g de semente de gergelim com casca
- 25g de cacau em pó
- 25g de levedo de cerveja em pó
- 25g de farinha de maracujá
- 12g de gelatina em pó incolor sem sabor

modo de preparo
Misture todos os ingredientes muito bem e armazene essa mistura em potes plásticos opacos, ou em vidros bem fechados, em local seco e arejado.

rendimento: 742g de produto
tempo de preparo: 10 minutos

dicas para uma cozinha sustentável

vivemos em um mundo repleto de oportunidades e desenvolvimento tecnológico, mas o preço é uma eterna responsabilidade por aquilo que fazemos ao nosso planeta

♥ Fiéis ao conceito CookLovers, que é o conceito daqueles que adoram a gastronomia, não poderíamos deixar de ser coerentes com a atual mensagem de preservação do meio ambiente e de práticas sustentáveis. A boa notícia é que a atitude de responsabilidade para nossa casa-planeta não é nada difícil de se aplicar na cozinha do cotidiano.

♥ Primeiramente, algumas sugestões iniciais e muito básicas:

• Planeje suas compras. Nada pior que o desperdício: faça lista de compras e seja consciente do que realmente necessita adquirir.

• No supermercado, procure produtos preferencialmente orgânicos: eles são mesmo mais caros, mas protegem não só o planeta, como também sua saúde.

• Que tal voltar a usar as antigas sacolas para carregar compras? As sacolinhas de plástico sozinhas parecem tão fininhas, inofensivas... Mas como são bilhões, estão virando vilãs da poluição, entre outros descartes e resíduos. Parece pouco, mas é que "você pode fazer" – e esse pouco faz diferença, quando somos milhares de pessoas fazendo a diferença!

• Procure se informar sobre a origem dos produtos que você consome. Entre nos sites, veja quais empresas têm uma política de reciclagem, defesa do meio ambiente. Afinal, é sempre bom você saber o que está comendo!

♥ Mas, e na prática, como fica? A sustentabilidade tem que ser praticada diariamente. Portanto, organize-se: Reduza, Recicle, Reutilize são os famosos três R do ambientalismo. Reduza o consumo de luz, água e gás, com atitudes muito simples, tais como:

• Afaste bem o fogão da geladeira, assim ela não perde tanto o frio de sua temperatura e consome menos, porque não precisa "trabalhar" tanto.

• Água de lavagem de pratos é um grande desperdício: não deixe a torneira aberta, coloque a louça suja na pia e ensaboe tudo de uma vez, só voltando a utilizar a água no momento de enxaguar.

• Tem sobras de alimentos? Sobrou o quê? As cascas e talos podem ser utilizados em ótimas receitas, os pratos não consumidos podem virar sopas, suflês, omeletes... Exerça sua criatividade! Nada de jogar fora!

• Tem coleta de lixo reciclado em sua casa ou apartamento? Exija isso! Cada ser humano produz em média uma tonelada de lixo por ano, sabia? Temos que fazer algo a respeito e no mínimo praticar a coleta seletiva, certo?

• Não jogue óleo na pia, pois causa entupimentos na rede de esgoto. Armazene o óleo utilizado em garrafas de plástico e entregue-o em postos de coleta (em geral, grandes supermercados prestam esse serviço).

♥ Há mais uma porção de pequenas atitudes que, com um pouco de participação e boa vontade, são bem simples de realizar. Como diz o ditado: "de grão em grão a galinha enche o papo"; assim funciona também com a prática sustentável.

Rua Valois de Castro, 50 - Vila Nova Conceição
04513-090 - São Paulo - SP - Brasil
Tel.: 11 3846-5141 - contato@boccato.com.br
www.boccato.com.br - www.cooklovers.com.br

© Editora Boccato / CookLovers

edição André Boccato

coordenação editorial Manon Bourgeade / Maria Aparecida C. Ramos

assistente editorial Lucas W. Schmitt

coordenação administrativa Daniela Bragança

elaboração das receitas Aline Maria Terrassi Leitão

cozinha experimental Ciene Cecilia da Silva / Henrique Cortat

fotografias Cristiano Lopes

fotografias contra capa (2-5) Shutterstock

produção fotográfica Airton G. Pacheco

diagramação Arturo Kleque G. Neto / Lucas W. Schmitt / Manon Bourgeade

tratamento de imagens Arturo Kleque G. Neto

revisão Maria Luiza Momesso Paulino

diretor comercial Marcelo Nogueira

colaboração Carla Mariano / Cristiane Coelho Ognibene / Fernando Aoki / Jezebel Salem / Renata Martins / Rogério Barracho

As fotografias das receitas deste livro são ensaios artísticos, não necessariamente reproduzindo as proporções e realidade das receitas, as quais foram criadas e testadas pelos autores, porém sua efetiva realização será sempre uma interpretação pessoal dos leitores.

Dados Internacionais de Catalogação na Publicação (CIP)
(Câmara Brasileira do Livro, SP, Brasil)

Boccato, André
    Muffins salgados e doces : receitas com alternativas de ingredientes funcionais e light / André Boccato & Estúdio CookLovers. -- São Paulo : Editora Boccato, 2010.

    1. Culinária (Receitas) 2. Muffins I. Estúdio CookLovers. II. Título.

10-09393   CDD-641.815

Índices para catálogo sistemático:
1. Muffins : Receitas : Culinária   641.815

Peças e objetos das fotografias

Art Mix, Bontempo Móveis, Cecília Dale, Jorge Elias Boutique, M. Dragonetti Utensílios de Cozinha, Nelise Ometto Atelier de Cerâmica, Pepper, Porcelana Schmidt, Presentes Mickey, Roberto Simões Presentes, Spicy, Stella Ferraz Cerâmica e Suxxar.